WM-2026
Mein großes Fußball-Abenteuer

Das interaktive Mitmachbuch zum Rätseln, Tippen & Mitfiebern – Dein persönlicher Begleiter durch die Weltmeisterschaft in den USA, Mexiko & Kanada

Dieses Buch gehört:

Weltmeister wird

Torschützenkönig wird

Die Überraschung der Wm wird

Inhaltsverzeichnis

WILLKOMMEN ZU DEINER WM 2026! 4

SCHÖN, DASS DU MITFIEBERST! 5

DIE GRÖSSTE FUSSBALL-SHOW DER WELT 6

DREI LÄNDER – EIN TURNIER 7

STADIEN 8

GRUPPEN 18

GRUPPENPHASE 48

ENDSTAND GRUPPENPHASE 78

SPIELPLAN 84

RUNDE DER LETZTEN 32 102

RUNDE DER LETZTEN 16 106

VIERTELFINAL SPIELE 108

HALBFINAL SPIELE 109

BRONZEFINALE 112

FINALE 113

LÖSUNGEN 114

WILLKOMMEN ZU DEINER WM 2026!

Schön, dass du da bist!

In diesem Buch beginnt deine ganz persönliche Reise zur Fußball-Weltmeisterschaft 2026.

Du tauchst ein in die spannende Welt des Fußballs, lernst Teams aus allen Teilen der Erde kennen und erfährst, warum dieses Turnier etwas ganz Besonderes ist. Denn die WM 2026 wird größer, bunter und aufregender als je zuvor!

Zwischendurch kannst du rätseln, malen, tippen und selbst entscheiden, wer deiner Meinung nach Weltmeister wird.

Also schnapp dir einen Stift – und los geht dein WM-Abenteuer!

SCHÖN, DASS DU MITFIEBERST!

Freust du dich schon auf die WM 2026? Dann bist du hier genau richtig!

Dieses Buch begleitet dich durch das größte Fußballturnier der Welt – Schritt für Schritt und ganz ohne Langeweile.

Du erfährst:

- welche Länder dabei sind
- wie die Gruppen funktionieren
- wer die Stars des Turniers sind
- und warum Millionen Fans gleichzeitig jubeln, zittern und feiern

Neben spannenden Infos warten viele Mitmach-Seiten auf dich: Quizze, Rätsel, Spiele und Platz für deine eigenen Tipps.

So wirst du selbst zum WM-Experten!

DIE GRÖSSTE FUSSBALL-SHOW DER WELT

Stell dir vor:

Überall auf der Welt sitzen Menschen vor Bildschirmen oder im Stadion, tragen Trikots, singen Lieder und feiern jedes Tor.

Genau das ist die Fußball-Weltmeisterschaft!

Alle vier Jahre treffen sich die besten Nationalmannschaften, um herauszufinden, wer das beste Team der Welt ist.

Bei der WM 2026 ist alles noch größer:

- mehr Teams
- mehr Spiele
- mehr Emotionen

Und du bist mittendrin – mit diesem Buch!

DREI LÄNDER – EIN TURNIER

Die WM 2026 findet nicht nur in einem Land statt, sondern gleich in drei:

USA – riesige Stadien, laute Fans und echte Show

Kanada – moderne Städte, viel Natur und große Begeisterung für Sport

Mexiko – Fußball pur, emotionale Fans und legendäre Stadien

Die Entfernungen zwischen den Spielorten sind riesig. Manche Teams legen Tausende Kilometer zurück – fast so, als würdest du einmal quer über einen ganzen Kontinent reisen!

Stadien

MetLife Stadium
East Rutherford, New Jersey

Kapazität:
ca. 82.500

Eröffnung:
2010

Highlights:
NFL-Spiele, Super Bowl XLVIII (2014)

Search media - Wikimedia Commons Von Josh Denmark

AT&T Stadium
Arlington, Texas

Kapazität:
ca. 94.000

Eröffnung:
2009

Highlights:
NFL-Spiele, College-Football, zahlreiche Konzerte

Search media - Wikimedia Commons von Dopefish

Stadien

Mercedes-Benz Stadium
Atlanta, Georgia

Kapazität:
ca. 75.000

Eröffnung:
2017

Highlights:
NFL-Spiele, College-Football, Super Bowl LIII (2019)

Search media - Wikimedia Commons von CBP Photography

Gillette Stadium
Foxborough/Boston, Massachusetts

Kapazität:
ca. 65.000

Eröffnung:
2002

Highlights:
Heimstätte der New England Patriots, FIFA Frauen-WM 2003

Search media - Wikimedia Commons von Yunner

Stadien

NRG Stadium
Houston, Texas

Kapazität:
ca. 82.500

Eröffnung:
2010

Highlights:
NFL-Spiele, Super Bowl XLVIII (2014)

Search media - Wikimedia Commons von VOA News - B Allen

SoFi Stadium
Inglewood/Los Angeles, Kalifornien

Kapazität:
ca. 70.000 (erweiterbar)

Eröffnung:
2020

Highlights:
Super Bowl LVI (2022), Heimstätte Rams & Chargers

Search media - Wikimedia Commons von UnqstnableTruth

Stadien

Arrowhead Stadium
Kansas City, Missouri

Kapazität:
ca. 76.000

Eröffnung:
1972 (renoviert 2010)

Highlights: 89
Heimstadion der Kansas City Chiefs, NFL-Finale 2023

Search media - Wikimedia Commons von Airman 1st Class Brenden Beezley

Hard Rock Stadium
Miami Gardens, Florida

Kapazität:
ca. 65.000

Eröffnung:
1987 (mehrfach renoviert)

Highlights:
Super Bowls, College-Football-Playoffs, Formel 1 GP Miami

Search media - Wikimedia Commons von Petty Officer 3rd Class Tara Molle

Stadien

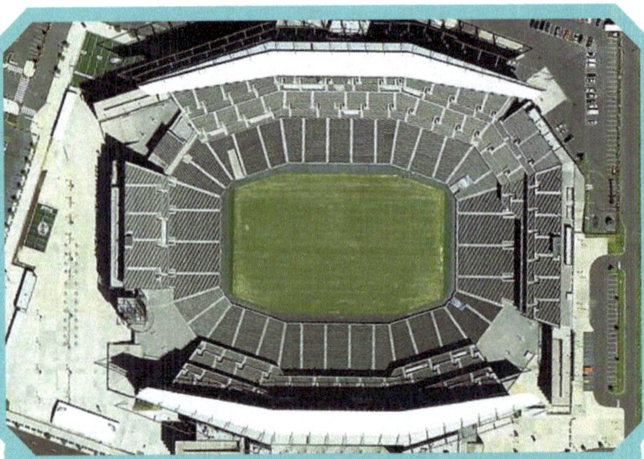

Lincoln Financial Field
Philadelphia, Pennsylvania

Kapazität:
ca. 69.000

Eröffnung:
2003

Highlights:
Heimstätte der Philadelphia Eagles, internationale Fußballspiele

Search media - Wikimedia Commons von NASA

Levi's Stadium
Santa Clara/San Francisco Bay Area, Kalifornien

Kapazität:
ca. 68.500

Eröffnung:
2014

Highlights:
Super Bowl 50 (2016), zahlreiche Großevents

Search media - Wikimedia Commons von U.S. Customs and Border Protection

Stadien

Lumen Field
Seattle, Washington

Kapazität:
ca. 69.000

Eröffnung:
2002

Highlights:
Heimstadion Seattle Seahawks & Sounders, MLS-Finale 2019

Search media - Wikimedia Commons von Jelson25

Estadio Azteca
Mexiko-Stadt

Kapazität:
ca. 83.000

Eröffnung:
1966

Highlights:
WM-Finale 1970 & 1986, Maradona „Hand Gottes"

Search media - Wikimedia Commons von Gobierno CDMX

Stadien

Estadio BBVA
Monterrey

Kapazität:
ca. 53.500

Eröffnung:
2015

Highlights:
Heimstätte CF Monterrey, CONCACAF Champions League

Search media - Wikimedia Commons von Presidencia de la República Mexicana

Estadio Akron
Guadalajara

Kapazität:
ca. 48.000

Eröffnung:
2010

Highlights:
Heimstätte Chivas Guadalajara, Panamerikanische Spiele 2011

Search media - Wikimedia Commons von Juan Olivas

Stadien

BMO Field
Toronto, Ontario

Kapazität:
ca. 45.000 (für WM erweitert)

Eröffnung:
2007 (mehrfach ausgebaut)

Highlights:
MLS Cup-Finals, Spiele des Toronto FC

Search media - Wikimedia Commons von Raysonho @ Open Grid Scheduler / Grid Engine

BC Place Stadium
Vancouver, British Columbia

Kapazität:
ca. 54.000

Eröffnung:
1983 (renoviert 2011)

Highlights:
Olympische Winterspiele 2010 (Eröffnungs-/ Schlussfeier), FIFA Frauen-WM 2015 (Finale)

Search media - Wikimedia Commons von Bobanny

Wortsuche #1

E	S	A	H	P	N	E	P	P	U	R	G	E	W
T	O	R	O	N	T	O	Q	W	P	E	O	Q	O
C	F	W	U	N	V	H	S	W	N	M	U	H	S
J		X	Q	B	B	N	F	M	U	A	S	A	E
E	C	K	F	A	H	N	E	G	L	S	Y	W	C
L	V	L	R	E	N	S	E	I	U	T	L	N	U
P	E	J	C	O	P	V	F	K	R	V	L	S	U
K	S	K	J	T	Y	I	L	I	J	A	P	R	O
A	S	T	R	N	K	W	K	S	K	K	Z	N	K
B	X	X	U	A	E	O	E	O	X	L	W	J	I
I	A	K	T	T	T	S	P	N	G	I	D	I	X
N	H	I	Y	D	Z	K	A	E	P	R	T	Q	E
E	O	Q	Q	F	N	E	M	R	U	H	Z	H	M
N	V	M	D	Y	W	K	N	D	O	B	V	E	M

GRUPPENPHASE
QUALIFIKATION
NEWYORK
ECKFAHNE
TORONTO
STUTZEN
KABINE
MEXIKO
TRIKOT
POKAL
RASEN

Wortsuche #2

Y	J	M	I	A	M	I	Q	L	H	X	A	G	W
O	P	K	B	D	L	P	S	V	J	P	V	B	R
E	B	T	G	A	F	L	U	T	L	I	C	H	T
R	O	T	H	V	Q	K	V	O	R	S	S	I	F
Z	E	C	Y	T	F	P	O	U	M	O	C	I	A
I	S	F	T	Y	Y	C	R	Q	S	K	S	G	V
L	J	U	I	T	J	C	G	T	E	A	D	M	L
L	B	T	N	E	O	E	Y	T	G	L	A	Y	K
A	R	H	R	L	F	R	N	Z	Z	I	L	E	A
B	C	B	R	T	N	P	N	Ü	C	M	L	G	G
S	X	S	G	E	M	S	U	E	B	Z	A	W	R
S	A	A	D	A	N	A	K	U	T	I	S	G	O
U	K	F	X	K	T	O	Q	B	K	Z	R	B	F
F	N	H	G	G	W	G	W	P	P	H	P	T	C

TRIBÜNE
FLUTLICHT
FUSSBALL
TORNETZ
TICKET
PFEIFE

KANADA
DALLAS
SCHAL
MIAMI
USA

Gruppen

Gruppe A

Mexiko

Südafrika

Republik Korea

FIFA

Tschechien/Dänemark/Nordmazedonien/Republik Irland

Diese Gruppe vereint internationale Erfahrung und unterschiedliche Fußballkulturen. Mexiko, Südafrika, die Republik Korea sowie der Sieger von Playoff A kämpfen um den Einzug in die K.-o.-Phase.

Mexiko zählt zu den konstantesten WM-Teilnehmern und ist bekannt für Technik und leidenschaftliche Fans. Das Ziel ist erneut mindestens das Achtelfinale.

Südafrika, Gastgeber der WM 2010, setzt auf Athletik, Tempo und Teamgeist, um für Überraschungen zu sorgen.

Die Republik Korea ist eine feste Größe im Weltfußball und überzeugt durch Disziplin, Laufstärke und Organisation.

Der vierte Platz wird im Playoff A zwischen Tschechien, Dänemark, Nordmazedonien oder Irland vergeben.

Gruppen

Gruppe B

Kanada

FIFA

Bosnien und Herzegowina/
Italien/Nordirland/Wales

Katar

Schweiz

Diese Gruppe vereint einen Gastgeber, einen erfahrenen Turnierteilnehmer sowie einen hochkarätigen Playoff-Gegner. Kanada, Katar, die Schweiz und der Sieger von Playoff B kämpfen um den Einzug in die K.-o.-Phase.

Kanada will als Mitgastgeber mit Tempo, Physis und einer jungen Mannschaft vor heimischem Publikum überzeugen. Das Ziel ist erstmals das Erreichen der K.-o.-Runde.

Katar, Gastgeber der WM 2022, bringt wertvolle Turniererfahrung mit und setzt auf taktische Disziplin und Organisation.

Die Schweiz zählt seit Jahren zu den konstantesten Nationalmannschaften Europas und überzeugt vor allem durch defensive Stabilität.

Der vierte Platz wird im Playoff B zwischen Bosnien und Herzegowina, Italien, Nordirland oder Wales vergeben.

Gruppen

Gruppe C

Brasilien

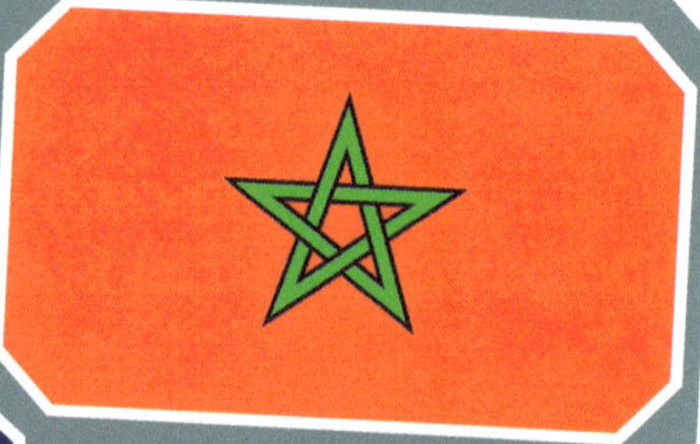

Marokko

Haiti

Schottland

Diese Gruppe vereint einen der größten WM-Favoriten mit ambitionierten Außenseitern und einer traditionsreichen Fußballnation. Brasilien, Marokko, Haiti und Schottland kämpfen um den Einzug in die K.-o.-Phase.

Brasilien geht als Rekordweltmeister mit höchsten Erwartungen ins Turnier und zählt in jeder Gruppe zu den Favoriten.

Marokko überzeugte spätestens bei der WM 2022 mit taktischer Disziplin und großer Mentalität.

Haiti gehört zu den Außenseitern der Gruppe und will vor allem internationale Erfahrung sammeln.

Schottland steht für intensiven, körperbetonten Fußball und möchte sich auf der großen Bühne behaupten.

Gruppen

Gruppe D

USA

Paraguay

Australien

FIFA

Kosovo/Rumänien/
Slowakei/Türkei

Diese Gruppe verbindet einen Gastgeber mit internationaler Erfahrung, einen südamerikanischen Dauerbrenner sowie einen ambitionierten Vertreter aus Ozeanien. USA, Paraguay, Australien und der Sieger von Playoff C kämpfen um den Einzug in die K.-o.-Phase.

Die USA gehen als Mitgastgeber mit einer jungen, athletischen Mannschaft ins Turnier und wollen den Heimvorteil nutzen.

Paraguay steht traditionell für defensive Stabilität und hohe taktische Disziplin.

Australien überzeugt durch Physis, Laufbereitschaft und starken Teamgeist.

Der vierte Platz wird im Playoff C zwischen Kosovo, Rumänien, der Slowakei oder der Türkei vergeben.

Kreuzworträtsel #1

Senkrecht:

1 Seine Hauptaufgabe ist das Toreschießen
2 Er steht an der Seitenlinie und coacht das Team
5 Einwechselspieler, der noch ein Tor schießt
6 Er trägt die Binde am Arm

Waagrecht:

1 Der Unparteiische auf dem Platz
3 Er darf den Ball als Einziger in die Hand nehmen
4 Er soll verhindern, dass die Gegner zum Tor kommen
7 Der "zwölfte Mann" auf der Tribüne

Kreuzworträtsel #2

Senkrecht:

2 Wenn der Stürmer beim Pass zu weit vorne steht
5 Eine Reihe von Spielern bei einem Freistoß des Gegners
8 Wenn der Ball mit der Stirn gespielt wird

Waagrecht:

1 Die erste Verwarnung für ein Foul (zwei Wörter zusammengeschrieben)
3 Die Pause nach 45 Minuten
4 Strafstoß vom Punkt (11 Meter)
6 Der "Video-Assistent" (Abkürzung)
7 So kommt der Ball zurück ins Spiel, wenn er im Seitenaus war

Gruppen

Gruppe E

Deutschland

Curaçao

Elfenbeinküste

Ecuador

Diese Gruppe vereint Teams aus unterschiedlichen Kontinenten sowie einen ambitionierten Außenseiter. Deutschland, Elfenbeinküste, Ecuador und Curaçao kämpfen um den Einzug in die K.-o.-Phase.

Deutschland geht als viermaliger Weltmeister mit hohen Erwartungen ins Turnier und zählt zu den Favoriten der Gruppe.

Die Elfenbeinküste bringt viel individuelle Qualität, Tempo und körperliche Präsenz mit.

Ecuador überzeugt durch hohe Intensität, aggressives Pressing und mannschaftliche Geschlossenheit.

Curaçao gehört zu den Außenseitern der Gruppe und will wertvolle WM-Erfahrung sammeln.

Gruppen

Gruppe F

Niederlande

Japan

FIFA

Albanien/Polen/
Schweden/Ukraine

Tunesien

Diese Gruppe vereint europäische Tradition, asiatische Disziplin und afrikanische Mentalität. Niederlande, Japan, Tunesien und der Sieger von Playoff D kämpfen um den Einzug in die K.-o.-Phase.

Die Niederlande zählen seit Jahrzehnten zu den spielstärksten Nationen Europas und gelten als Favorit der Gruppe.

Japan überzeugt durch Organisation, Laufstärke und Spielintelligenz.

Tunesien setzt auf defensive Stabilität, Kampfgeist und Turniererfahrung.

Der vierte Platz wird im Playoff D zwischen Albanien, Polen, Schweden oder der Ukraine vergeben.

Gruppen

Gruppe G

Belgien

Ägypten

Iran

Neuseeland

Diese Gruppe vereint eine europäische Topnation mit erfahrenen Teams aus verschiedenen Fußballkulturen. Belgien, Ägypten, Iran und Neuseeland kämpfen um den Einzug in die K.-o.-Phase.

Belgien zählt seit Jahren zur erweiterten Weltspitze und geht als Favorit in diese Gruppe.

Ägypten bringt viel internationale Erfahrung und individuelle Offensivqualität mit.

Der Iran ist bekannt für taktische Disziplin und eine kompakte Defensive.

Neuseeland geht als kämpferischer Außenseiter mit viel Teamgeist ins Turnier.

Gruppen

Gruppe H

Spanien

Kap Verde

Saudi-Arabien

Uruguay

Diese Gruppe vereint europäische Spielkontrolle mit südamerikanischer Turniererfahrung sowie zwei kampfstarken Teams. Spanien, Uruguay, Saudi-Arabien und Kap Verde kämpfen um den Einzug in die K.-o.-Phase.

Spanien zählt seit Jahren zur Weltspitze und geht als klarer Favorit in diese Gruppe.

Uruguay bringt große WM-Erfahrung und mentale Stärke mit.

Saudi-Arabien setzt auf taktische Disziplin und schnelles Umschaltspiel.

Kap Verde gehört zu den Außenseitern der Gruppe und will sich respektabel präsentieren.

Labyrinth #1

Labyrinth #2

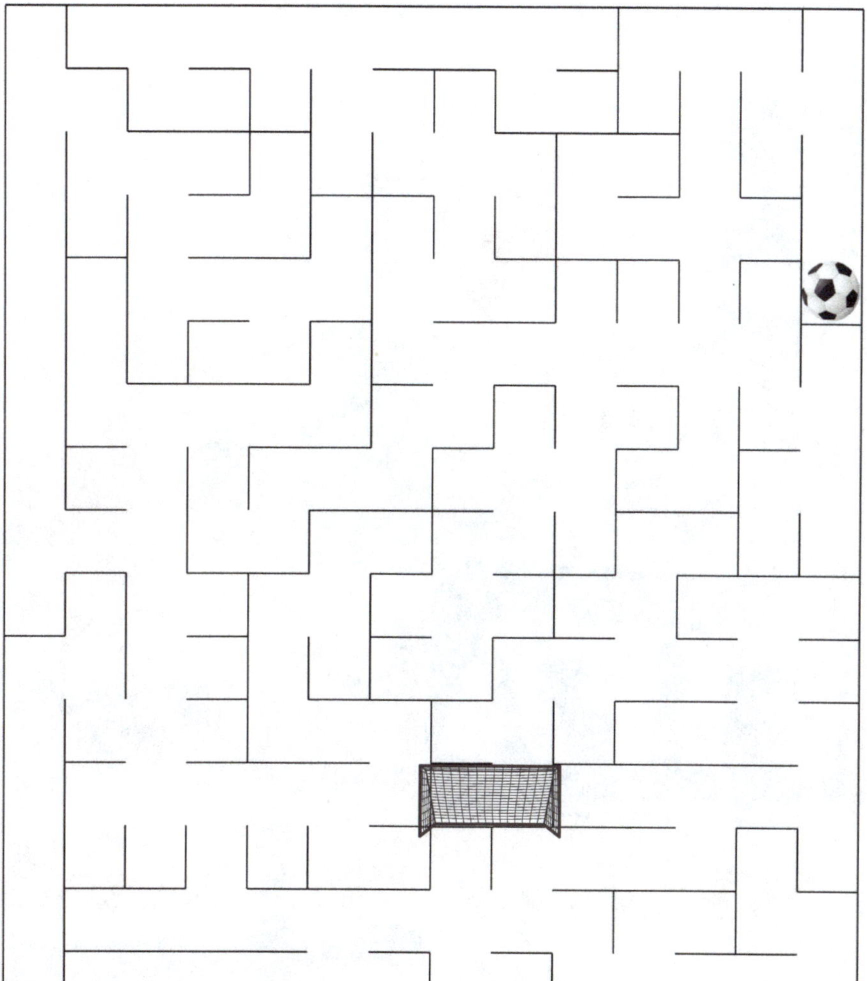

Gruppen

Gruppe I

Frankreich

Senegal

FIFA

Bolivien/Irak/
Suriname

Norwegen

Diese Gruppe vereint Weltmeister-Erfahrung mit afrikanischer Physis und skandinavischem Offensivpotenzial. Frankreich, Senegal, Norwegen und der Sieger von Playoff E kämpfen um den Einzug in die K.-o.-Phase.

Frankreich zählt erneut zu den Topfavoriten des Turniers und strebt den Gruppensieg an.

Senegal gehört zu den stärksten Mannschaften Afrikas und überzeugt durch Tempo und Physis.

Norwegen bringt eine junge, talentierte Mannschaft mit großem Offensivpotenzial mit.

Der vierte Platz wird im Playoff E zwischen Bolivien, Irak oder Suriname vergeben.

Gruppen

Gruppe J

Argentinien

Algerien

Österreich

Jordanien

Diese Gruppe vereint südamerikanische Weltklasse mit europäischer Organisation und afrikanischer Dynamik. Argentinien, Österreich, Algerien und Jordanien kämpfen um den Einzug in die K.-o.-Phase.

Argentinien geht als amtierender Weltmeister als klarer Favorit in diese Gruppe.

Österreich überzeugt durch intensive Spielweise und mannschaftliche Geschlossenheit.

Algerien bringt Tempo, Technik und große Turniererfahrung mit.

Jordanien gehört zu den Außenseitern der Gruppe und sammelt wertvolle WM-Erfahrung.

Gruppen

Gruppe K

Portugal

FIFA

Kongo DR/ Jamaika/ Neukaledonien

Usbekistan

Kolumbien

Diese Gruppe vereint europäische Klasse, südamerikanischen Offensivdrang und asiatische Disziplin. Portugal, Kolumbien, Usbekistan und der Sieger von Playoff F kämpfen um den Einzug in die K.-o.-Phase.

Portugal zählt seit Jahren zur Weltspitze und geht als Favorit in diese Gruppe.

Kolumbien steht für kreativen Offensivfußball und große individuelle Qualität.

Usbekistan überzeugt durch taktische Disziplin und stetige Entwicklung.

Der vierte Platz wird im Playoff F zwischen Kongo DR, Jamaika oder Neukaledonien vergeben.

Gruppen

Gruppe L

England

Kroatien

Ghana

Panama

Diese Gruppe vereint europäische Topnationen mit afrikanischer Physis und internationaler Turniererfahrung. England, Kroatien, Ghana und Panama kämpfen um den Einzug in die K.-o.-Phase.

England zählt erneut zum erweiterten Favoritenkreis und setzt auf eine junge, hochveranlagte Mannschaft.

Kroatien gilt als klassische Turniermannschaft mit großer taktischer Stärke.

Ghana bringt Tempo, Physis und große Leidenschaft mit.

Panama geht als Außenseiter mit viel Kampfgeist ins Turnier.

Labyrinth #3

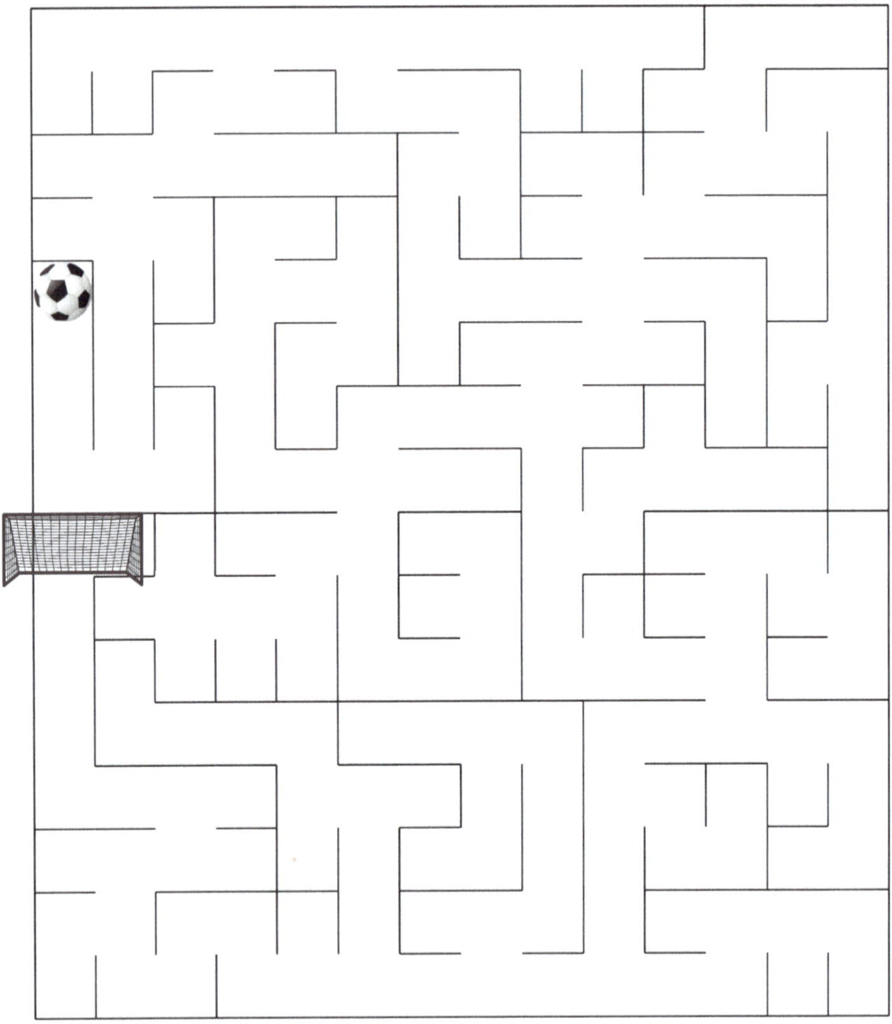

WAS SCHÄTZT DU? #1

Fußball-Klugscheißer-Wissen

Du kannst diese Fragen den Spielern vorlesen oder auf Karten schreiben. Ziel ist es, so nah wie möglich an die richtige Zahl zu kommen.

1. Wie viele Kilometer läuft ein Feldspieler durchschnittlich pro Spiel (90 Min)?

2. Wie oft wird ein einzelner Spieler durchschnittlich pro Spiel gefoult?

3. Wie viele Ballkontakte hat ein Spieler im Durchschnitt pro Spiel?

4. Wie schnell kann ein scharf geschossener Fußball fliegen (Profi-Schuss)?

5. Wie breit und hoch ist ein offizielles Fußballtor? (Klassiker!)

6. Welchen Umfang hat ein offizieller FIFA-Fußball (Größe 5)

Gruppenphase

SPIEL 1
Donnerstag, 11. Juni 2026

Mexiko VS Südafrika

Gruppe A

SPIEL 2
Donnerstag, 11. Juni 2026

Republik Korea VS TBD

Gruppe A

SPIEL 3
Freitag, 12. Juni 2026

Kanada VS TBD

Gruppe B

Gruppenphase

SPIEL 4
Freitag, 12. Juni 2026

USA VS Paraguay

Gruppe D

SPIEL 5
Samstag, 13. Juni 2026

Haiti VS Schottland

Gruppe C

SPIEL 6
Samstag, 13. Juni 2026

Australien VS TBD

Gruppe D

Gruppenphase

SPIEL 7

Samstag, 13. Juni 2026

Brasilien VS Marokko

Gruppe C

SPIEL 8

Samstag, 13. Juni 2026

Katar VS Schweiz

Gruppe B

SPIEL 9

Sonntag, 14. Juni 2026

Elfenbeinküste VS Ecuador

Gruppe E

Gruppenphase

SPIEL 10
Sonntag, 14. Juni 2026

Deutschland VS Curaçao

Gruppe E

SPIEL 11
Sonntag, 14. Juni 2026

Niederlande VS Japan

Gruppe F

SPIEL 12
Sonntag, 14. Juni 2026

TBD VS Tunesien

Gruppe F

Gruppenphase

SPIEL 13
Montag, 15. Juni 2026

Saudi-Arabien VS Uruguay

Gruppe H

SPIEL 14
Montag, 15. Juni 2026

Spanien VS Kap Verde

Gruppe H

SPIEL 15
Montag, 15. Juni 2026

Iran VS Neuseeland

Gruppe G

Gruppenphase

SPIEL 16
Montag, 15. Juni 2026

Belgien	VS	Ägypten
	Gruppe G	

SPIEL 17
Dienstag, 16. Juni 2026

Frankreich	VS	Senegal
	Gruppe I	

SPIEL 18
Dienstag, 16. Juni 2026

TBD	VS	Norwegen
FIFA	Gruppe I	

Gruppenphase

SPIEL 19
Dienstag, 16. Juni 2026

Argentinien VS Algerien

Gruppe J

SPIEL 20
Dienstag, 16. Juni 2026

Österreich VS Jordanien

Gruppe J

SPIEL 21
Mittwoch, 17. Juni 2026

Ghana VS Panama

Gruppe L

Gruppenphase

SPIEL 22 Mittwoch, 17. Juni 2026

England VS Kroatien

Gruppe L

SPIEL 23 Mittwoch, 17. Juni 2026

Portugal VS TBD

Gruppe K

SPIEL 24 Mittwoch, 17. Juni 2026

Usbekistan VS Kolumbien

Gruppe K

WAS SCHÄTZT DU? #2

Wie gut kennst du die Fußball-Legenden der Wm 2026

Du kannst diese Fragen den Spielern vorlesen oder auf Karten schreiben. Ziel ist es, so nah wie möglich an die richtige Zahl zu kommen.

1. Wie groß ist Lionel Messi?

   Viele denken, er sei viel kleiner, weil er neben Abwehrhünen oft winzig wirkt.

2. Wie viele offizielle Tore hat Cristiano Ronaldo in seiner gesamten Karriere geschossen?

   Hinweis: Er jagt die 1000-Tore-Marke.

3. Wie reich ist Cristiano Ronaldo geschätzt?

   Es geht um das geschätzte Gesamtvermögen, nicht nur das Jahresgehalt.

4. Wie alt wird Luka Modric bei der WM 2026 sein?

   Er gilt als das “ewige Phänomen” im Mittelfeld.

5. Wie viele Instagram-Follower hat Lionel Messi ungefähr?

   Er ist einer der beliebtesten Menschen der Welt.

6. Wie schnell ist Kylian Mbappé in der Spitze

   Er gilt als einer der schnellsten Spieler der Welt.

7. Wie jung ist das Supertalent Lamine Yamal bei der WM 2026

   Der spanische Shootingstar, der schon als Teenager alles abgeräumt hat.

Gruppenphase

SPIEL 25
Donnerstag, 18. Juni 2026

TBD VS Südafrika

Gruppe A

SPIEL 26
Donnerstag, 18. Juni 2026

Schweiz VS TBD

Gruppe B

SPIEL 27
Donnerstag, 18. Juni 2026

Kanada VS Katar

Gruppe B

Gruppenphase

SPIEL 28
Donnerstag, 18. Juni 2026

Mexiko VS Republik Korea

Gruppe A

SPIEL 29
Freitag, 19. Juni 2026

Brasilien VS Haiti

Gruppe C

SPIEL 30
Freitag, 19. Juni 2026

Schottland VS Marokko

Gruppe C

Gruppenphase

SPIEL 31
Freitag, 19. Juni 2026

TBD	VS	Paraguay
	Gruppe D	

SPIEL 32
Freitag, 19. Juni 2026

USA	VS	Australien
	Gruppe D	

SPIEL 33
Samstag, 20. Juni 2026

Deutschland	VS	Elfenbeinküste
	Gruppe E	

Gruppenphase

SPIEL 34
Samstag, 20. Juni 2026

Ecuador VS Curaçao

Gruppe E

SPIEL 35
Samstag, 20. Juni 2026

Niederlande VS TBD

Gruppe F

SPIEL 36
Samstag, 20. Juni 2026

Tunesien VS Japan

Gruppe F

Gruppenphase

SPIEL 37
Sonntag, 21. Juni 2026

Uruguay VS Kap Verde

Gruppe H

SPIEL 38
Sonntag, 21. Juni 2026

Spanien VS Saudi-Arabien

Gruppe H

SPIEL 39
Sonntag, 21. Juni 2026

Belgien VS Iran

Gruppe G

Gruppenphase

SPIEL 40
Sonntag, 21. Juni 2026

Neuseeland VS Ägypten

Gruppe G

SPIEL 41
Montag, 22. Juni 2026

Norwegen VS Senegal

Gruppe I

SPIEL 42
Montag, 22. Juni 2026

Frankreich VS TBD

Gruppe I

FIFA

Gruppenphase

SPIEL 43

Montag, 22. Juni 2026

Argentinien	VS	Österreich
	Gruppe J	

SPIEL 44

Montag, 22. Juni 2026

Jordanien	VS	Algerien
	Gruppe J	

SPIEL 45

Dienstag, 23. Juni 2026

England	VS	Ghana
	Gruppe L	

Gruppenphase

SPIEL 46
Dienstag, 23. Juni 2026

Neuseeland VS Ägypten

Gruppe L

SPIEL 47
Dienstag, 23. Juni 2026

Portugal VS Usbekistan

Gruppe K

SPIEL 48
Dienstag, 23. Juni 2026

Kolumbien VS TBD

Gruppe K

Erkennst du den Spieler anhand der Silhouette? #1

Erkennst du den Spieler anhand der Silhouette? #2

Gruppenphase

SPIEL 49
Mittwoch, 24. Juni 2026

Schottland VS Brasilien

Gruppe C

SPIEL 50
Mittwoch, 24. Juni 2026

Marokko VS Haiti

Gruppe C

SPIEL 51
Mittwoch, 24. Juni 2026

Schweiz VS Kanada

Gruppe B

Gruppenphase

SPIEL 52
Mittwoch, 24. Juni 2026

TBD	VS	Katar
FIFA	Gruppe B	

SPIEL 53
Mittwoch, 24. Juni 2026

Portugal	VS	Mexiko
FIFA	Gruppe A	

SPIEL 54
Mittwoch, 24. Juni 2026

Südafrika	VS	Republik Korea
	Gruppe A	

Gruppenphase

SPIEL 55
Donnerstag, 25. Juni 2026

Curaçao VS Elfenbeinküste

Gruppe E

SPIEL 56
Donnerstag, 25. Juni 2026

Ecuador VS Deutschland

Gruppe E

SPIEL 57
Donnerstag, 25. Juni 2026

Japan VS TBD

Gruppe F

Gruppenphase

SPIEL 58
Donnerstag, 25. Juni 2026

Tunesien VS Niederlande

Gruppe F

SPIEL 59
Donnerstag, 25. Juni 2026

TBD VS USA

Gruppe D

SPIEL 60
Donnerstag, 25. Juni 2026

Paraguay VS Australien

Gruppe D

Gruppenphase

SPIEL 61
Freitag, 26. Juni 2026

Norwegen VS Frankreich

Gruppe I

SPIEL 62
Freitag, 26. Juni 2026

Senegal VS Deutschland

Gruppe I

FIFA

SPIEL 63
Freitag, 26. Juni 2026

Ägypten VS Iran

Gruppe G

Gruppenphase

SPIEL 64
Freitag, 26. Juni 2026

Neuseeland VS Belgien

Gruppe G

SPIEL 65
Freitag, 26. Juni 2026

Kap Verde VS Saudi-Arabien

Gruppe H

SPIEL 66
Freitag, 26. Juni 2026

Uruguay VS Spanien

Gruppe H

Gruppenphase

SPIEL 67

Samstag, 27. Juni 2026

Panama VS England

Gruppe L

SPIEL 68

Samstag, 27. Juni 2026

Kroatien VS Ghana

Gruppe L

SPIEL 69

Samstag, 27. Juni 2026

Algerien VS Österreich

Gruppe J

Gruppenphase

SPIEL 70 Samstag, 27. Juni 2026

Jordanien VS Argentinien

Gruppe J

SPIEL 71 Samstag, 27. Juni 2026

Kolumbien VS Portugal

Gruppe K

SPIEL 72 Samstag, 27. Juni 2026

TBD VS Usbekistan

Gruppe K

Erkennst du den Spieler anhand der Silhouette? #3

Erkennst du den Spieler anhand der Silhouette? #4

Endstand Gruppenphase

Gruppe A

Platz	Tore	Punkte

Gruppe B

Platz	Tore	Punkte

Gruppe C

Platz	Tore	Punkte

Endstand Gruppenphase

Gruppe D

Platz	Tore	Punkte

Gruppe E

Platz	Tore	Punkte

Gruppe F

Platz	Tore	Punkte

Endstand Gruppenphase

Gruppe G

Platz	Tore	Punkte

Gruppe H

Platz	Tore	Punkte

Gruppe I

Platz	Tore	Punkte

Endstand Gruppenphase

Gruppe J

Platz	Tore	Punkte

Gruppe K

Platz	Tore	Punkte

Gruppe L

Platz	Tore	Punkte

DIE LEGENDEN DER WM 26

Lionel Messi
Argentinien

STECKBRIEF
Alter zur WM 2026: 39 Jahre
Position: Offensives Mittelfeld
Aktueller Verein: Inter Miami (USA)
WM-Status: Amtierender Weltmeister

Als Weltmeister und genialer Spielmacher könnte er in seiner neuen Wahlheimat USA den absolut letzten großen Auftritt feiern. Mit seiner Übersicht und Erfahrung führt er das Team nun als weiser Regisseur, statt als reiner Dribbler.

Cristiano Ronaldo
Portugal

STECKBRIEF
Alter zur WM 2026: 41 Jahre
Position: Mittelstürmer
Aktueller Verein: Al-Nassr FC (Saudi-Arabien)
Mission: 1000 Tore & der erste WM-Titel

Mit 41 Jahren und ungebrochenem Ehrgeiz will das Fitness-Phänomen beweisen, dass Alter nur eine Zahl ist. Er jagt weiterhin Rekorde und bleibt durch seine enorme Sprungkraft im Strafraum brandgefährlich.

Guillermo "Memo" Ochoa Mexiko

STECKBRIEF
Alter zur WM 2026: 40 Jahre
Position: Torwart
Aktueller Verein: AVS Futebol SAD (Portugal)
Rekord: 6. WM-Teilnahme
Der mexikanische Nationalheld wächst bei Weltmeisterschaften regelmäßig über sich hinaus und zeigt Weltklasse-Paraden. Bei der Heim-WM im legendären Aztekenstadion wird er als Rekordteilnehmer der emotionale Anführer der Gastgeber sein.

Neymar Brasilien

STECKBRIEF
Alter zur WM 2026: 34 Jahre
Position: Linksaußen / Offensiv
Aktueller Verein: Al-Hilal (Saudi-Arabien)
Ziel: Der 6. Stern für Brasilien
Für den begnadeten Techniker ist dieses Turnier die letzte große Chance, sein Land endlich wieder zum Weltmeistertitel zu führen. Fit und fokussiert ist er einer der wenigen Spieler weltweit, die ein Spiel durch einen genialen Moment allein entscheiden können.

Luka Modric Kroatien

STECKBRIEF
Alter zur WM 2026: 40 Jahre
Position: Zentrales Mittelfeld
Aktueller Verein: Real Madrid (Spanien)
Status: Vize-Weltmeister 2018
Der "Mozart des Balkans" kontrolliert das Spiel auch im hohen Alter noch mit perfekter Technik und seinen berühmten Außenrist-Pässen. Als Kapitän und Stratege ist er das unverzichtbare Herzstück der kroatischen Mannschaft.

SPIELPlan

GRUPPE A

SPIELTAG 1

11. Juni 2026 / Estadio Azteca

Mexiko ☐ VS ☐ Südafrika

11. Juni 2026 / Estadio Akron

Republik Korea ☐ VS ☐ TBD

SPIELTAG 2

18. Juni 2026 / Mercedes-Benz Stadium

TBD ☐ VS ☐ Südafrika

18. Juni 2026 / Estadio Akron

Mexiko ☐ VS ☐ Republik Korea

SPIELTAG 3

24. Juni 2026 / Estadio Azteca

TBD ☐ VS ☐ Mexiko

24. Juni 2026 / Estadio BBVA

Südafrika ☐ VS ☐ Republik Korea

Endstand Gruppe A	Punkte
1.	
2.	
3.	
4.	

SPIELPlan

GRUPPE B

SPIELTAG 1

12. Juni 2026 / BMO Field

Kanada [ ] vs [ ] TBD

13. Juni 2026 / Levi's Stadium

Katar [ ] vs [ ] Schweiz

SPIELTAG 2

18. Juni 2026 / Los Angeles Stadion

Schweiz [ ] vs [ ] TBD

18. Juni 2026 / SoFi Stadium

Kanada [ ] vs [ ] Katar

SPIELTAG 3

24. Juni 2026 / BC Place Stadium

Schweiz [ ] vs [ ] Kanada

24. Juni 2026 / Lumen Field

TBD [ ] vs [ ] Katar

Endstand Gruppe B	Punkte
1.	
2.	
3.	
4.	

SPIELPlan

GRUPPE C

SPIELTAG 1

13. Juni 2026 / Gillette Stadium

Haiti ☐ VS ☐ Schottland

13. Juni 2026 / MetLife Stadium

Brasilien ☐ VS ☐ Marokko

SPIELTAG 2

19. Juni 2026 / Lincoln Financial Field

Brasilien ☐ VS ☐ Haiti

19. Juni 2026 / Gillette Stadium

Schottland ☐ VS ☐ Marokko

SPIELTAG 3

24. Juni 2026 / Hard Rock Stadium

Schottland ☐ VS ☐ Brasilien

24. Juni 2026 / Mercedes-Benz Stadium

Marokko ☐ VS ☐ Haiti

Endstand Gruppe C	Punkte
1.	
2.	
3.	
4.	

SPIELPlan

GRUPPE D

SPIELTAG 1

12. Juni 2026 / SoFi Stadium

USA [ ] VS [ ] Paraguay

13. Juni 2026 / BC Place Stadium

Australien [ ] VS [ ] TBD

SPIELTAG 2

19. Juni 2026 / Levi's Stadium

TBD [ ] VS [ ] Paraguay

19. Juni 2026 / Lumen Field

USA [ ] VS [ ] Australien

SPIELTAG 3

25. Juni 2026 / SoFi Stadium

TBD [ ] VS [ ] USA

25. Juni 2026 / Levi's Stadium

Paraguay [ ] VS [ ] Australien

Endstand Gruppe D	Punkte
1.	
2.	
3.	
4.	

DIE LEGENDEN DER WM 26

Robert Lewandowski Polen

STECKBRIEF
Alter zur WM 2026: 37 Jahre
Position: Mittelstürmer
Aktueller Verein: FC Barcelona (Spanien)
Stärke: Eiskalter Abschluss
Die polnische Tormaschine lebt extrem diszipliniert für den Sport und ist daher auch mit fast 38 Jahren topfit. Er ist die Lebensversicherung seines Landes und braucht oft nur eine einzige Chance im Strafraum, um zu treffen.

Kevin De Bruyne Belgien

STECKBRIEF
Alter zur WM 2026: 34 Jahre
Position: Offensives Mittelfeld
Aktueller Verein: Manchester City (England)
Spezialität: Der tödliche Pass
Das belgische Superhirn sieht Passwege, die für andere Spieler unsichtbar sind, und führt die neue Generation seines Landes an. Sein präzises Spielverständnis und sein Ehrgeiz machen ihn zum perfekten Architekten der Offensive.

Mohamed Salah Ägypten

STECKBRIEF
Alter zur WM 2026: 34 Jahre
Position: Rechtsaußen
Aktueller Verein: Liverpool FC (England)
Status: Afrikas Superstar
Der "ägyptische König" ist für seine explosiven Sprints und unhaltbaren Schlenzer mit dem linken Fuß bekannt. Als Hoffnungsträger einer ganzen Region will er Ägypten auf der großen Bühne in Nordamerika weit bringen.

Son Heung-min Republik Korea

STECKBRIEF
Alter zur WM 2026: 33 Jahre
Position: Linksaußen
Aktueller Verein: Tottenham Hotspur (England)
Status: Asiens Aushängeschild
Mit seiner Beidfüßigkeit und seinem enormen Tempo ist der südkoreanische Kapitän für jede Abwehr schwer ausrechenbar. Er gilt als einer der fairsten Sportler der Welt und führt sein Team mit unermüdlichem Einsatz an.

Harry Kane England

STECKBRIEF
Alter zur WM 2026: 32 Jahre
Position: Mittelstürmer
Aktueller Verein: FC Bayern München (Deutschland)
Ziel: Englands Titel-Fluch brechen
Der Rekordtorschütze Englands glänzt nicht nur als Vollstrecker, sondern lässt sich oft fallen, um das Spiel selbst mit aufzubauen. Mit seiner Erfahrung und Abgeklärtheit will er als Kapitän den WM-Pokal endlich ins Mutterland des Fußballs holen.

SPIELPlan

GRUPPE E

SPIELTAG 1

14. Juni 2026 / Lincoln Financial Field

Elfenbeinküste ☐ VS ☐ Ecuador

14. Juni 2026 / NRG Stadium

Deutschland ☐ VS ☐ Curaçao

SPIELTAG 2

20. Juni 2026 / BMO Field

Deutschland ☐ VS ☐ Elfenbeinküste

20. Juni 2026 / Arrowhead Stadium

Ecuador ☐ VS ☐ Curaçao

SPIELTAG 3

25. Juni 2026 / Lincoln Financial Field

Curaçao ☐ VS ☐ Elfenbeinküste

25. Juni 2026 / MetLife Stadium

Ecuador ☐ VS ☐ Deutschland

Endstand Gruppe E	Punkte
1.	
2.	
3.	
4.	

SPIELPlan

GRUPPE F

SPIELTAG 1

14. Juni 2026 / AT&T Stadium

Niederlande ☐ VS ☐ Japan

14. Juni 2026 / Estadio BBVA

TBD ☐ VS ☐ Tunesien

SPIELTAG 2

20. Juni 2026 / NRG Stadium

Niederlande ☐ VS ☐ TBD

25. Juni 2026 / Estadio BBVA

Tunesien ☐ VS ☐ Japan

SPIELTAG 3

25. Juni 2026 / AT&T Stadium

Japan ☐ VS ☐ TBD

25. Juni 2026 / Arrowhead Stadium

Tunesien ☐ VS ☐ Niederlande

Endstand Gruppe F	Punkte
1.	
2.	
3.	
4.	

SPIELPlan

GRUPPE G

SPIELTAG 1

15. Juni 2026 / Levi's Stadium

Iran ☐ vs ☐ Neuseeland

15. Juni 2026 / Lumen Field

Belgien ☐ vs ☐ Ägypten

SPIELTAG 2

21. Juni 2026 / Levi's Stadium

Belgien ☐ vs ☐ Iran

21. Juni 2026 / BC Place Stadium

Neuseeland ☐ vs ☐ Ägypten

SPIELTAG 3

26. Juni 2026 / Lumen Field

Ägypten ☐ vs ☐ Iran

26. Juni 2026 / BC Place Stadium

Neuseeland ☐ vs ☐ Belgien

Endstand Gruppe G	Punkte
1.	
2.	
3.	
4.	

SPIELPlan

GRUPPE H

SPIELTAG 1

15. Juni 2026 / Mercedes-Benz Stadium

Saudi-Arabien ☐ VS ☐ Uruguay

15. Juni 2026 / Levi's Stadium

Spanien ☐ VS ☐ Kap Verde

SPIELTAG 2

21. Juni 2026 / Hard Rock Stadium

Uruguay ☐ VS ☐ Kap Verde

21. Juni 2026 / Mercedes-Benz Stadium

Spanien ☐ VS ☐ Saudi-Arabien

SPIELTAG 3

26. Juni 2026 / NRG Stadium

Kap Verde ☐ VS ☐ Saudi-Arabien

26. Juni 2026 / Estadio Akron

Uruguay ☐ VS ☐ Spanien

Endstand Gruppe H	Punkte
1.	
2.	
3.	
4.	

DIE SHOOTING-STARS DER WM 26

Lamine Yamal Spanien

STECKBRIEF

Alter zur WM 2026: 18 Jahre (wird kurz danach 19)
Position: Rechtsaußen
Nation: Spanien
Besonderheit: Jüngster Superstar des Turniers

Das spanische Wunderkind bricht alle Altersrekorde und spielt schon als Teenager so abgeklärt wie ein Veteran. Mit seinen flinken Haken und dem starken linken Fuß gilt er als der spektakulärste Nachwuchsspieler der Welt.

Jude Bellingham England

STECKBRIEF

Alter zur WM 2026: 22 Jahre
Position: Offensives Mittelfeld
Nation: England
Status: Der Anführer der neuen Generation

Obwohl noch blutjung, tritt er bereits mit der Autorität eines Kapitäns auf und ist der komplette Mittelfeldspieler: zweikampfstark, passsicher und torgefährlich. Er ist das Gesicht der englischen Titelhoffnung und will seine Nation zum lang ersehnten Pokal führen.

Jamal Musiala
Deutschland

STECKBRIEF
Alter zur WM 2026: 23 Jahre
Position: Offensives Mittelfeld
Nation: Deutschland
Spitzname: Bambi / The Snake
Niemand dribbelt auf so engem Raum so elegant durch die Abwehrreihen wie Deutschlands Hoffnungsträger. Wenn er am Ball ist, scheint er durch die Gegner hindurchzutanzen, was ihn zur wichtigsten Waffe im deutschen Angriff macht.

Endrick
Brasilien

STECKBRIEF
Alter zur WM 2026: 19 Jahre
Position: Mittelstürmer
Nation: Brasilien
Vergleich: Wird oft als "der neue Romário" bezeichnet
Der brasilianische Kraftwürfel vereint rohe Power mit feiner Technik und einem brutalen Linksschuss. Er soll bei der WM 2026 in die Fußstapfen der ganz großen brasilianischen Nummer-9-Legenden treten und für die Tore der Seleção sorgen.

Florian Wirtz
Deutschland

STECKBRIEF
Alter zur WM 2026: 23 Jahre
Position: Offensives Mittelfeld
Nation: Deutschland
Stärke: Spielintelligenz & Technik
Er ist das "Gehirn" der deutschen Offensive und bildet mit Musiala das vielleicht kreativste Duo des Turniers. Wirtz findet immer die Lücke in der Abwehr und glänzt sowohl als genialer Vorbereiter als auch als eiskalter Vollstrecker.

SPIELPlan

GRUPPE I

SPIELTAG 1

16. Juni 2026 / MetLife Stadium

Frankreich ☐ VS ☐ Senegal

16. Juni 2026 / Gillette Stadium

TBD ☐ VS ☐ Norwegen

SPIELTAG 2

22. Juni 2026 / MetLife Stadium

Norwegen ☐ VS ☐ Senegal

22. Juni 2026 / Lincoln Financial Field

Frankreich ☐ VS ☐ TBD

SPIELTAG 3

26. Juni 2026 / Gillette Stadium

Norwegen ☐ VS ☐ Frankreich

26. Juni 2026 / BMO Field

Senegal ☐ VS ☐ TBD

Endstand Gruppe I	Punkte
1.	
2.	
3.	
4.	

SPIELPlan

GRUPPE J

SPIELTAG 1

16. Juni 2026 / Arrowhead Stadium

Argentinien [ ] VS [ ] Algerien

16. Juni 2026 / Levi's Stadium

Österreich [ ] VS [ ] Jordanien

SPIELTAG 2

22. Juni 2026 / AT&T Stadium

Argentinien [ ] VS [ ] Österreich

22. Juni 2026 / Levi's Stadium

Jordanien [ ] VS [ ] Algerien

SPIELTAG 3

27. Juni 2026 / Arrowhead Stadium

Algerien [ ] VS [ ] Österreich

27. Juni 2026 / AT&T Stadium

Jordanien [ ] VS [ ] Argentinien

Endstand Gruppe J	Punkte
1.	
2.	
3.	
4.	

SPIELPlan

GRUPPE K

SPIELTAG 1

17. Juni 2026 / NRG Stadium

Portugal ☐ VS ☐ TBD

17. Juni 2026 / Estadio Azteca

Usbekistan ☐ VS ☐ Kolumbien

SPIELTAG 2

23. Juni 2026 / NRG Stadium

Portugal ☐ VS ☐ Usbekistan

23. Juni 2026 / Estadio Akron

Kolumbien ☐ VS ☐ TBD

SPIELTAG 3

27. Juni 2026 / Hard Rock Stadium

Kolumbien ☐ VS ☐ Portugal

27. Juni 2026 / Mercedes-Benz Stadium

TBD ☐ VS ☐ Usbekistan

Endstand Gruppe K	Punkte
1.	
2.	
3.	
4.	

GRUPPE L

SPIELTAG 1

17. Juni 2026 / BMO Field

Ghana ☐ VS ☐ Panama

17. Juni 2026 / AT&T Stadium

England ☐ VS ☐ Kroatien

SPIELTAG 2

23. Juni 2026 / Gillette Stadium

England ☐ VS ☐ Ghana

23. Juni 2026 / BMO Field

Panama ☐ VS ☐ Kroatien

SPIELTAG 3

27. Juni 2026 / MetLife Stadium

Panama ☐ VS ☐ England

27. Juni 2026 / Lincoln Financial Field

Kroatien ☐ VS ☐ Ghana

Endstand Gruppe L	Punkte
1.	
2.	
3.	
4.	

DIE SHOOTING-STARS DER WM 26

Arda Güler Türkei

STECKBRIEF
Alter zur WM 2026: 21 Jahre
Position: Offensives Mittelfeld / Rechtsaußen
Nation: Türkei
Spitzname: Der türkische Messi
Mit seinem feinen linken Fuß und seiner enormen Kreativität trägt er die Hoffnungen einer ganzen fußballverrückten Nation auf den Schultern. Er ist Spezialist für Traumtore aus der Distanz und genial geschossene Standardsituationen.

Warren Zaïre-Emery Frankreich

STECKBRIEF
Alter zur WM 2026: 20 Jahre
Position: Zentrales Mittelfeld
Nation: Frankreich
Rolle: Der Motor
Trotz seines jungen Alters spielt er im französischen Mittelfeld so ruhig und dominant wie ein Routinier mit 100 Länderspielen. Er ist physisch stark, taktisch brillant und stopft die Löcher, damit die Stürmer glänzen können.

Alejandro Garnacho Argentinien

STECKBRIEF
Alter zur WM 2026: 21 Jahre
Position: Linksaußen
Nation: Argentinien
Stil: Explosiv & spektakulär
Der junge Argentinier bringt genau das Chaos in die gegnerische Abwehr, das ein Spiel entscheiden kann. Als potenzieller Erbe von Ángel Di María sorgt er mit Tempo und Fallrückzieher-Toren für die spektakulären Momente beim Weltmeister.

Xavi Simons Niederlande

STECKBRIEF
Alter zur WM 2026: 23 Jahre
Position: Offensives Mittelfeld / Außen
Nation: Niederlande
Markenzeichen: Lockenpracht & Dribbling
Einst als Internet-Wunderkind gehyped, ist er mittlerweile der Dreh- und Angelpunkt der niederländischen Nationalmannschaft ("Elftal"). Er ist giftig im Pressing, technisch brillant und verkörpert den modernen, dynamischen Fußball wie kaum ein anderer.

RUNDE DER LETZTEN 32

SPIEL 73 28. Juni 2026 / Levi's Stadium

Zweiter der Gruppe A VS Zweiter der Gruppe B

SPIEL 74 29. Juni 2026 / Gillette Stadium

Gruppensieger E VS Gruppendritten A/B/C/D/F

SPIEL 75 29. Juni 2026 / Estadio BBVA

Gruppensieger F VS Gruppenzweite C

SPIEL 76 29. Juni 2026 / NRG Stadium

Gruppensieger C VS Gruppenzweite F

RUNDE DER LETZTEN 32

SPIEL 77
30. Juni 2026 / MetLife Stadium

Gruppensieger Gruppe I — VS — Gruppendritten C/D/F/G/H

SPIEL 78
30. Juni 2026 / AT&T Stadium

Gruppenzweiter Gruppe E — VS — Gruppenzweiter Gruppe I

SPIEL 79
30. Juni 2026 / Estadio Azteca

Gruppensieger Gruppe A — VS — Gruppendritten C/E/F/H/I

SPIEL 80
1. Juli 2026 / Mercedes-Benz Stadium

Gruppensieger L — VS — Gruppendritten E/H/I/J/K

RUNDE DER LETZTEN 32

SPIEL 81

1. Juli 2026 / Levi's Stadium

Gruppensieger D	VS	Gruppendritten B/E/F/I/J

SPIEL 82

1. Juli 2026 / Lumen Field

Gruppensieger G	VS	Gruppendritten A/E/H/I/J

SPIEL 83

2. Juli 2026 / BMO Field

Zweiter der Gruppe K	VS	Zweiter der Gruppe L

SPIEL 84

2. Juli 2026 / Levi's Stadium

Sieger der Gruppe H	VS	Zweiter der Gruppe J

RUNDE DER LETZTEN 32

SPIEL 85 2. Juli 2026 / BC Place Stadium

vs

Sieger der Gruppe B — Dritter der Gruppen E/F/G/I/J

SPIEL 86 3. Juli 2026 / Hard Rock Stadium

vs

Gruppensieger J — Gruppenzweiten H

SPIEL 87 3. Juli 2026 / Arrowhead Stadium

vs

Gruppensieger K — Gruppendritten D/E/I/J/L

SPIEL 88 3. Juli 2026 / AT&T Stadium

vs

Gruppenzweiter D — Gruppenzweiten G

RUNDE DER LETZTEN 16

SPIEL 89 4. Juli 2026 / Lincoln Financial Field

	VS	
Sieger Spiel 74		Sieger Spiel 77

SPIEL 90 4. Juli 2026 / NRG Stadium

	VS	
Sieger Spiel 73		Sieger Spiel 75

SPIEL 91 5. Juli 2026 / MetLife Stadium

	VS	
Sieger Spiel 76		Sieger Spiel 78

SPIEL 92 5. Juli 2026 / Estadio Azteca

	VS	
Sieger Spiel 79		Sieger Spiel 80

RUNDE DER LETZTEN 16

SPIEL 93 6. Juli 2026 / AT&T Stadium

VS

Sieger Spiel 83 | Sieger Spiel 84

SPIEL 94 6. Juli 2026 / Lumen Field

VS

Sieger Spiel 81 | Sieger Spiel 82

SPIEL 95 7. Juli 2026 / Mercedes-Benz Stadium

VS

Sieger Spiel 86 | Sieger Spiel 88

SPIEL 96 7. Juli 2026 / BC Place Stadium

VS

Sieger Spiel 85 | Sieger Spiel 87

VIERTELFINAL SPIELE

SPIEL 97
9. Juli 2026 / Gillette Stadium

Sieger Spiel 89	VS	Sieger Spiel 90

SPIEL 98
10. Juli 2026 / SoFi Stadium

Sieger Spiel 93	VS	Sieger Spiel 94

SPIEL 99
11. Juli 2026 / Hard Rock Stadium

Sieger Spiel 91	VS	Sieger Spiel 92

SPIEL 100
11. Juli 2026 / Arrowhead Stadium

Sieger Spiel 95	VS	Sieger Spiel 96

HALBFINAL SPIELE

SPIEL 101

Dienstag, 14. Juli 2026

AT&T Stadium

VS

Sieger Spiel 97

Sieger Spiel 98

SPIEL 102

Dienstag, 14. Juli 2026

AT&T Stadium

VS

Sieger Spiel 99

Sieger Spiel 100

Welche Flagge gehört welchem Land?

1 Japan
2 Brasilien
3 Mexiko
4 Kroatien
5 Australien
6 Argentinien

Bronzefinale

Samstag, 18. Juli 2026

Hard Rock Stadium

SPIEL 103

FINALE

Sonntag, 19. Juli 2026

MetLife Stadium

SPIEL 104

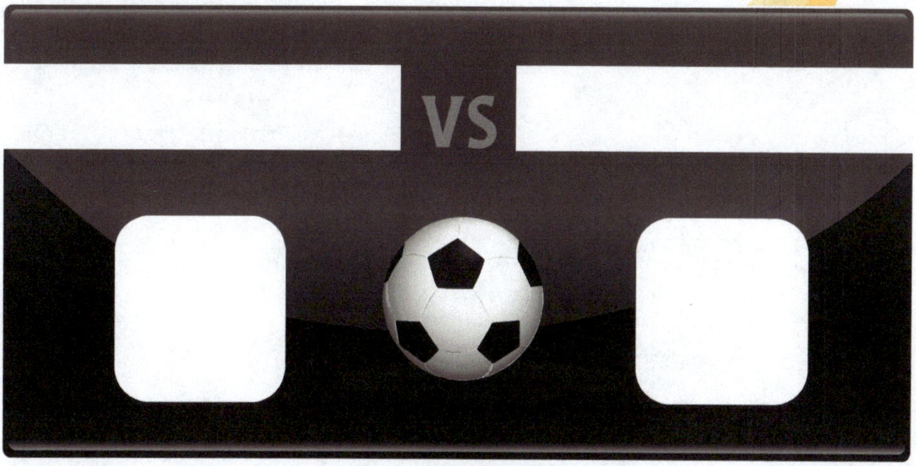

Lösungen

Wortsuche #1

E	S	A	H	P	N	E	P	P	U	R	G	E	W
T	O	R	O	N	T	O	Q	W	P	E	O	Q	O
C	F	W	U	N	V	H	S	W	N	M	U	H	S
J		X	Q	B	B	N	F	M	U	A	S	A	E
E	C	K	F	A	H	N	E	G	L	S	Y	W	C
L	V	L	R	E	N	S	E	I	U	T	L	N	U
P	E	J	C	O	P	V	F	K	R	V	L	S	U
K	S	K	J	T	Y	I	L	I	J	A	P	R	O
A	S	T	R	N	K	W	K	S	K	K	Z	N	K
B	X	X	U	A	E	O	E	O	X	L	W	J	I
I	A	K	T	T	T	S	P	N	G	I	D	I	X
N	H	I	Y	D	Z	K	A	E	P	R	T	Q	E
E	O	Q	Q	F	N	E	M	R	U	H	Z	H	M
N	V	M	D	Y	W	K	N	D	O	B	V	E	M

Wortsuche #2

Y	J	M	I	A	M	I	Q	L	H	X	A	G	W
O	P	K	B	D	L	P	S	V	J	P	V	B	R
E	B	T	G	A	F	L	U	T	L	I	C	H	T
R	O	T	H	V	Q	K	V	O	R	S	S	I	F
Z	E	C	Y	T	F	P	O	U	M	O	C	I	A
I	S	F	T	Y	Y	C	R	Q	S	K	S	G	V
L	J	U	I	T	J	C	G	T	E	A	D	M	L
L	B	T	N	E	O	E	Y	T	G	L	A	Y	K
A	R	H	R	L	F	R	N	Z	Z	I	L	E	A
B	C	B	R	T	N	P	N	Ü	C	M	L	G	G
S	X	S	G	E	M	S	U	E	B	Z	A	W	R
S	A	A	D	A	N	A	K	U	T	I	S	G	O
U	K	F	X	K	T	O	Q	B	K	Z	R	B	F
F	N	H	G	G	W	G	W	P	P	H	P	T	C

Kreuzworträtsel #1

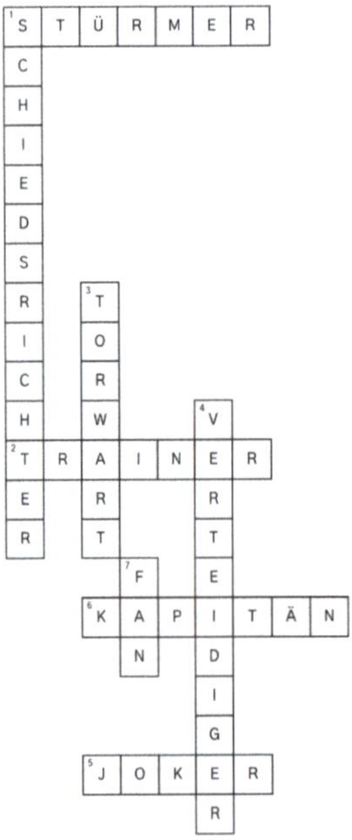

Kreuzworträtsel #2

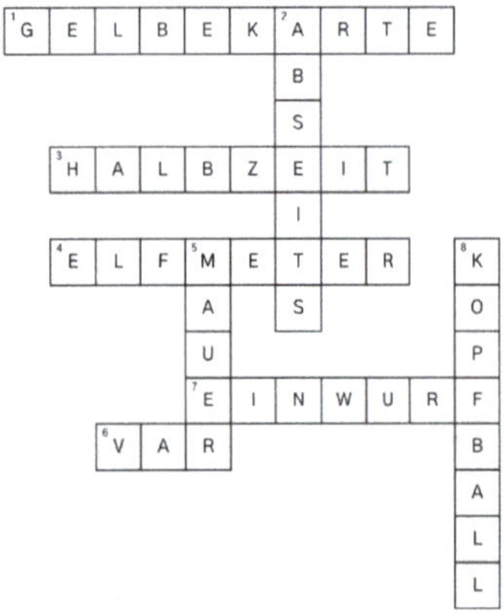

Labyrinth #1

Labyrinth #2

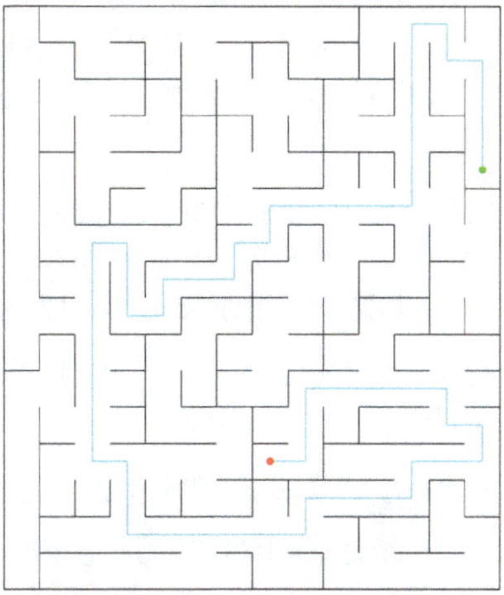

Labyrinth #3

was schätzt du? #1

1. Antwort: Ca. 10 bis 11,5 Kilometer.
   Zusatzinfo: Mittelfeldspieler laufen oft am meisten (bis zu 13 km), Torwärte nur ca. 4–5 km.
2. Antwort: Statistisch gesehen nur etwa 0,8 bis 1,5 Mal pro Spiel.
   Erklärung: In einem ganzen Spiel gibt es im Schnitt ca. 20–25 Fouls. Geteilt durch 22 Spieler ist das für den Einzelnen gar nicht so viel – auch wenn es sich für Neymar oft anders anfühlt!
3. Antwort: Ca. 50 bis 70 Ballkontakte.
   Zusatzinfo: Das hängt extrem von der Position ab. Innenverteidiger und zentrale Mittelfeldspieler haben oft über 80 oder 100, Stürmer oft weniger als 30 (aber dafür die wichtigen!).
4. Antwort: Über 100 km/h (Der Rekord liegt sogar bei ca. 130 km/h).
5. Antwort: 7,32 Meter breit und 2,44 Meter hoch.
6. Antwort: Zwischen 68 und 70 cm.
   Erklärung für die Auflösung: Viele schätzen hier weniger. Der Durchmesser beträgt etwa 22 cm, aber der Umfang (einmal komplett außen herum) ist das entscheidende Maß.

was schätzt du? #2

1. Lösung: 1,70 Meter.
   Fun Fact: Seine geringe Körpergröße hilft ihm bei seinem tiefen Schwerpunkt und den schnellen Haken.
2. Lösung: Über 900 Tore (Stand Ende 2025 liegt er bei ca. 920–950 Toren).
   Vergleich: Ein “normaler” sehr guter Stürmer schafft in seiner Karriere vielleicht 200–300 Tore
3. Lösung: Über 500 bis 600 Millionen Euro (Einige Quellen schätzen sein “Imperium” sogar noch höher, seine Karriere-Einnahmen liegen bei über 1 Milliarde).
   Info: Allein bei seinem Verein Al-Nassr verdient er geschätzt rund 200 Millionen Euro pro Jahr.

4. Lösung: Er wird 40 Jahre alt sein (Geboren im September 1985).
   Zusatz: Es wäre seine fünfte oder sechste WM-Teilnahme, je nach Zählweise – ein absoluter Rekordwert.
5. Lösung: Über 500 Millionen Follower.
   Vergleich: Das ist mehr als die gesamte Bevölkerung der USA und Russlands zusammen. (Nur Cristiano Ronaldo hat noch mehr, über 600 Mio.).
6. Lösung: Er erreicht Geschwindigkeiten von ca. 36 bis 38 km/h. Zum Vergleich: Usain Bolt lief bei seinem Weltrekord im Schnitt ca. 37,5 km/h (in der Spitze natürlich schneller, aber für einen Fußballer mit Ball ist Mbappés Wert enorm).
7. Lösung: Er wird gerade einmal 18 Jahre alt sein (wird kurz nach Turnierstart 19).

Erkennst du den Spieler anhand der Silhouette? #3

#1

Lionel Messi

#2

Cristiano Ronaldo

#3

Erling Haaland

#4

Florian Wirtz

Welche Flagge gehört welchem Land?

1 Japan

2 Brasilien

3 Mexiko

4 Kroatien

5 Australien

6 Argentinien

Printed in Poland
by Amazon Fulfillment
Poland Sp. z o.o., Wrocław

64286479R00066